GUIDO SCHRÖTER

VOLL DRAUF

EICHBORN.

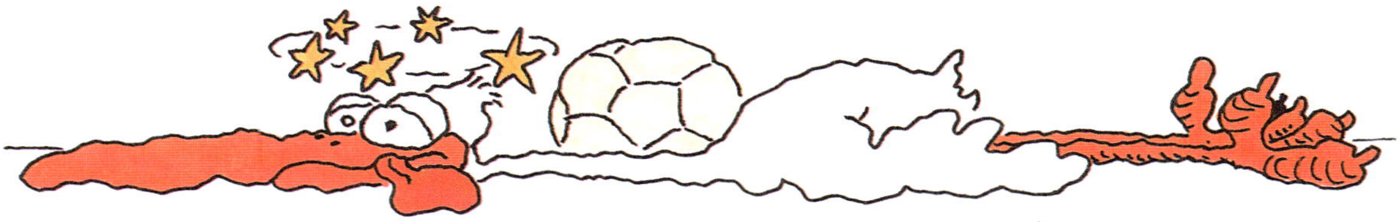

Die Deutsche Bibliothek – CIP-Einheitsaufnahme

Schröter, Guido:
Voll drauf / Guido Schröter. – Frankfurt am Main :
Eichborn, 1994
ISBN 3-8218-3029-8

Cover: Guido Schröter.
Gesamtherstellung: Fuldaer Verlagsanstalt GmbH.

ISBN 3-8218-3029-8

Verlagsverzeichnis schickt gern:
Eichborn Verlag, Kaiserstraße 66, D-60329 Frankfurt am Main.

ST. PAULI
Keuscher King
FUSSBALL
King
PAULI
GUIDO SCHRÖTER ©93

HARDCOVER

NA ENDLICH !
PAULI COMIX ALS BUCH! WAS SOLL ICH DAMIT, WERDET IHR EUCH FRAGEN.... AAALSO...
WENN IHR DAS DING AUFMACHT SEHT IHR:
DIESER DUSSELIGE ZEICHNER HAT MIR DIE FÜSSE ABGESCHNITTEN !!
PAULI COMIX
GESCHICHTEN ÜBER SUPER FUSSBALLER!
Keuscher Jung
STORIES ÜBER GENIALE FANS !!
WIR SIND DOO-OOF! WIR SIND DOO-OOF!
PAULI
AUSSERDEM STELLT DIESES BUCH EINE SCHONUNGSLOSE ABRECHNUNG MIT FOLGENDEN UNTRAGBAREN MISSTÄNDEN DAR! UND ZWAR:
KRIEG, HUNGER, PSYCHISCHE GEWALT, VERKEHRSTOTE, FLUGZEUGABSTÜRZE, REGENWALDABHOLZUNG, BESTIMMTE ROTE KARTEN, MIETWUCHER, NATIONALISMUS, KINDESMISSHANDLUNG, BILD, ABSEITS, SEXISMUS, ZU WENIG RADWEGE, PITBULLS, PORNOS, GEWALT GEGEN TIERE (HIER INSBESONDERE FRÖSCHE), FALSCHBIER UND OTTIS VERTRAGSAUFLÖSUNG!
FRÜHER WAREN ALLE MEINE COMICS SCHWARZWEISS!
ALLES WAR SO EINFACH! HIER GUT DA BÖSE!
SCHWARZ!
WEISS!
UND JETZT IST ALLES BUNT! SOGAR MEINE EINE PUPILLE !!

ABER SCHÖNER ISSES JA!
TJOOOOH
LESEN, ANGUCKEN, NACHDENKEN, PAULI ... WAS KANN MAN SONST NOCH ...
ACH JA, KÖNNT' ICH JETZT DEN HOOL HABEN?
DAS DING WAR JA NUN NICHT BILLIG! FARBE, LUSTIGE GESCHICHTEN AUF 48 SEITEN ... DAS KANN'S DOCH NICHT GEWESEN SEIN, FRAGT MAN SICH DA ... UND, TATSÄCHLICH ...
ES IST DIE HARDCOVER-AUSGABE!
ÄUSSERST STABIL UND DAUERHAFT!
PAFF
DA!
NICHT EIN KNICK! DA WEISS MAN DOCH WAS MAN HAT!
GUIDO SCHRÖTER ©93

AB GEHTS

BEWEGUNG!

ECKE, SCHWARZWALD, TOR!!

GUTEN TAG! MEINE NAME IST HELMUT SCHULTE. ICH WAR MAL TRAINER BEI ST. PAULI. WARUM ICH GEFEUERT WURDE, IST NIE ANS LICHT DER WELTÖFFENTLICKKEIT GERATEN...
SPÄTER BEHAUPTETE WOHLERS, IHM WÄRE DAS GLEICHE PASSIERT!!
UND DAS WAR SO...
ES WAR KURZ VOR DER WINTERPAUSE MEINER LETZTEN (SCHNIEF) SAISON (SCHNIEF)... ENTSCHULDIGUNG.... BEI...
SANG PAULIHI SANG PAULIHI
ROTE
HAALT!
LIP
EI, WER BIST DENN DUUU?
EIN VERZAUBERTER TORSCHÜTZENKÖNIG, NATÜRLICH!
PEN
ALSO, DA WÄREN: EINE AUSGEFEILTE TECHNIK, TORRIECHER, LINKE UND RECHTE KLEBE, IMMENSE KOPFBALLSTÄRKE...
ICH FASS' ES NICHT!
SCHON WIEDER BUCHSTABENSUPPE.
ACH, WAS!
SOL LST
DES WEITEREN: PERFEKTES ZWEIKAMPFVERHALTEN, KEINE ABLÖSE, GERINGES GRUNDGEHALT, JA-SAGER MIT PERSÖNLICHKEIT UND FÜHRUNGSSTÄRKE UND, NICHT ZU VERGESSEN, EINE BÄRENSTARKE KONDITION!
DU

UND DAS ALLES BEKOMMST DU FÜR NUR EINEN KUSS!
MIT ZUNGE!!
WIE BITTE? IGITT!
ICH BIN EIN MODERNER FROSCH!
HÄÄLMUT HÄÄLMUT HÄÄLMUT HÄLMUT HÄLMUT HÄL
GLOAP
KÜS
S EN
ACH, WAS SOLL'S! DIE PAAR WARZEN AM MUND! KOMM' HER, MEIN KLEINER!
GEMEINSAM SCHAFFEN WIR ALLES!
WIR ZWEI!
ICH GLAUB' ICH HAB' MICH VERLIIIIEBT!
MA PS
KNUMP
GLOAP
BUMM
PLAMATSCH
KOMM TRAINER, GIB WIEDER HER!
GMATSCH
GUIDO SCHRÖTER ©93

RAKETENHOOL

AUS DER ZWEITEN REIHE

STEH AUF, DU SCHAUSPIELER!
Keuscher
Ing
GUIDO SCHRÖTER ©93

DIE FOLGENDE GESCHICHTE HAT MIR STEFAN VOM ÜBERSTEIGER ERZÄHLT!
SIE IST ECHT WAHR!
UND DANN HAT ER GESACHT: NEE, SCHÜLERKARTE GIBTS HIER NICH. UND DER HATTE SO'NE RUNDE NASE WIE ICH...
ÄÄÄÄÄÄÄL?!

AUSWÄRTS

KARTEN
ERSTES SAISONSPIEL VON ST. PAULI IN HOMBURG UND STEFAN WAR SO DUMM, SICH SEINE KARTE ERST VOR ORT ZU BESORGEN!
ICH BIN SO DUMM, MIR MEINE KARTE ERST VOR ORT ZU BESORGEN!
STEHPLATZ
NORMAL 14,-
SCHÜLER 7,-
SCHÜLER!
KARTEN
STEHPLATZ
NORMAL 14,-
SCHÜLER 7,-
SOOOOO, BITTE-SCHÖÖÖN. UND VIEL SPASS...
HOMBURG-ST
SCHÜLER
EINE SCHÜLERKARTE, BITTE! WENN SIE SICH DAS GELD BITTE HERAUSNEHMEN!
ABER SISCHER!
ZWEIMAL SCHÜLER!
KARTEN
STEEPLATZ
NORMAL JA 14,-
SCHIELER 7,-
ÄÄH.... ICH...ICH... HÄTTE GERNE... EINE KARTE... SCHÜLER, JAJA EINE SCHÜLERKARTE BITTE...
FÜR SIEBEN MARK!
ZEHN MARK

ABER NATÜRLICH! BITTESCHÖN UND VIIIIEL SPASS!!
PUHHH! VIELEN DANK!
SCHÜLER
KARTEN
ARBEITSLOS!
AUSWEIS
ARBEITSLOS
ARBEITSAMT HAMBURG
NIX ZU TUN! KEINE ARBEIT!
ARBEITSLOSEN-ERMÄSSIGUNG GIBT'S HIER NICHT!
WIESO STEH' ICH DENN IMMER NOCH HIER? HAM DIE SICH ETWA VORGEDRÄNGELT?
IDIOT!
STEHPLATZ
KEINE ARBEITSLOSENERMÄSSIGUNG NICHT!
KARTEN
WAS IST DENN DAS HIER FÜR EIN ASOZIALER VEREIN? KEINE ARBEITSLOSEN KARTE? HÄ? WARUM NICHT?
WEIL SOLCHE KARTEN NICHT IM KARTENSORTIMENT SIND!

FRECHHEIT! ALS ARBEITSLOSER HAB' ICH DOCH AUCH KAUM GELD! DA MUSS ICH DOCH 'NE ERMÄSSIGUNG KRIEGEN! SCHEISSE!!
DER FC HOMBURG FÜHLT SICH NICHT VERPFLICHTET, ARBEITSSCHEUES GESINDEL AUCH NOCH DURCH VERBILLIGTE EINTRITTSKARTEN ZU UNTERSTÜTZEN.
ICH ZAHL' ABER NICHT DEN VOLLEN PREIS! ICH HAB'NEN AUSWEIS UND JETZT WILL ICH AUCH 'NE ERMÄSSIGTE KARTE, DU SACK!
VERDAMMT, ES GIBT KEINE KEINE KEINE KEINE KEINE
ICH WAR AUCH MAL ARBEITSLOS UND ICH HAB' AUCH KEINE ARBEITSLOSENKARTE GEKRIEGT... SIE... SIE...
SIE BLÖDMANN, BEI JEDEM VEREIN GIBT'S DAS! NUR HIER NICHT! WAS IST DAS EIGENTLICH FÜR EIN SCHEISSVEREIN?!
SEIT DREI STUNDEN STEH' ICH HIER UND KOMM EINFACH NICH' DRAN! KOOMESCH...
ZTALPHETS
LAMRON 11,-
RELÜHCS 7,-
JETZT REICHT'S MIR ABER, DU KLEINER IDIOT! WANN BEGREIFST DU DAS ENDLICH?!
HIER GIBT'S KEINE ARBEITSLOSENERMÄSSIGUNG...
DU MUSST 'NE SCHÜLERKARTE NEHMEN!!
GUIDO SCHRÖTER ©93
THANX STEFAN

DER FAKTOR

GWÄÄÄÄRÄÄ
RTL
HERR THOMFORDE...
ALS IHNEN DER BALL IN DER 90. MINUTE DURCH DIE ARME ZUM NULL ZU EINS INS NETZ RUTSCHTE...
WAR DAS NUN DER FAKTOR, DER DIE NIEDERLAGE AUSMACHTE?
NUCK NUCK NUCK NUCK
HALTs
DU BLÖDER FERNSEH-FRITZE!
MAUL
KLAR WAR DAS EIN FUCK-TOR!
OOOH, IST DAS FLACH!
GUIDO SCHRÖTER ©93

SHRCHCHRCHSHSSH RCHHHRRSSSRCHSRH SSRCHCHCHSSRCHCH
KLAUS! NEIN! MACH DICH DOCH NICHT UNGLÜCKLICH! SIEH MAL! NÄCHSTES BILD! ALLES WIEDER GUT!! JA?
UUUUUUUUU

EIGENTLICH ISSER JA KEIN SO GUTER TORWART, ABER ...

LIEBLINGE

DRILLER TANZT NICHT!

ZEITLUPE

ES GAB JEDE MENGE PROTESTE, DASS DAS TOR AUF DEM TITEL IRREGULÄR WÄRE, AUFGRUND EINER ABSEITSSTELLUNG MANZIS (VÖLLIG UNDENKBAR!)
HIER DIE ZEITLUPE DES TORES. SIE BEWEIST: MANZI STEHT KEINESFALLS IM ABSEITS! SO EINFACH IST DAS!

K.O.

LEIDER WAR SCHIEDSRICHTER K. NICHT MEHR IN DER LAGE DIE BETREUER AUF DAS SPIELFELD ZU LASSEN...

DIE NÄCHSTE STORY HAB' ICH VON PAULI-WILLI. SIE STIMMT ALSO VON VORNE BIS HINTEN NICHT... DIE WETTE IST ALLERDINGS VOLL WAHR...
ANN-AU-I
ANN-AU-I ANN-AU-I
HEIDI KABEL STIRBT ZUERST!
NEE, WILLI MILLOWITSCH!
QUATSCH, HEIDI!
NIEMALS! WILLI!
WARTEN WIR'S DOCH AB!
OK!
KISTE BIER?
OK!
OK!
OK!
OK!
A-ABER, R-REHLEIN!

BUCHSTABBENSUUPE

ICH SCHAFF' ES! ICH SCHAFF ES! GAAIIEEL!
BOOOAH! DAS HÄTT' ICH VON HEIDI UND WILLI JA NICHT GEDACHT! UND HIER .... WILLI!
SSOOOO! UUNT NOCH ÄINMAL ÄIN SLUCK BUCHSTABBENSUUPE UNDAAN IEHN HAAND! IEN HAAND! GAANZ EINFACH!!
NUCK NUCK NUCK NUCK
UUUUUJUUND
SCHWUPP!
NIE M·E·H·R
NICHT SCHON WIIIIII-IIIEDER!
EINE TÜTE MORSELLEN + BITTE
WAS?
WAAAS?
ICH HAAAB' SIE! SIE IST MEIN! SIE IST MEIN! ENDLICH IST ES MIR VERGÖNNT! FAST SO SCHÖN WIE DAS LEBEN!
WAAAA-AHNSINN
SPLOTZ
MEHR
NÄIN, NÄIN, IEN HAND JETZT! DEN SLUCK IEN HAAND SPUUCKEN! BIETESCHEEN!
ENDLICH KANN ICH MEINEN NUDELBRIEF AN STEFFI GRAF WEITERKLEBEN!
SPLOTZ
HAHAHA
DER BEGINN EINER KÖCHELNDEN LEIDENSCHAFT
WIESO LÄCHERLICH?
WAS IST DENN LÄCHERLICHES AN EINEM BRIEF? VOLLER POESIE UND HEIMLICHER LIEBE?!
WAS BLEIBEN EINEM DENN FÜR FREUDEN, WENN MAN IN DER ZWEITEN LIGA PFEIFEN MUSS?? NUDELBRIEFE! UND ICH SCHREIB' EBEN AN STEFFI! NA UND?
HEIM FÜR ZWEITLIGASCHIEDSRICHTER
DA!
SIE HAT MIR SOGAR GEANTWORTET!!!
Birkel SPAGHETTI
HE, DIE HALBZEIT IST VORBEI!
DIE MAULEN SCHON!
WIESO DREI LINIENRICHTER?
GUIDOSCHRÖTER ©93

KÄMPFEN-PAULI-KÄMPFEN,
KÄMPFEN-PAULI-KÄMPFEN!!
SCHIESS DOCH! SCHIIIIIIIIIESS!!!
FC St. Pauli
ACHTZEHN
ZWANZIG
ZWO
PFEIF AB!
PFEIF AN!
ODDIODDIODDIODDIODDIODDI ODDIODDIODDIODDIODDIODDI
SITZEN IST FÜR'N ARSCH!
HE, STEH' AUF!!
DA! DAS WAR'NE TORCHANCE! DAS WAR'NE TORCHANCE! WIEVIEL HAM'WIR?
DAS WAR DANN DIE ACHTE! DIESES JAHR!
HE, ALTER! HIER, HIER HIIIIER
OLEEEOLEOLEOLEEE
SUPÄHAMBUICH SANGPAU IIII

LEEEO LEEEEO LEEEOOOO
TOR TOR MILLERNTOR
Aldi
JETZT SCHIESST DER SACK DEN BALL WEG! DU ARSCHLOCH !!
JETZT HOLT ER IHN SCHNELL ZURÜCK UND GIBT IHN DEM SCHIRI! DU SCHLEIMER!
ELFMETER !!
ZWÖLFMEDÄÄÄ
DREI-ZEHN-ME-TER!
IN HAMBURCH GIBT'S NUR EIN' VEREIN ÄÄÄÄF-CEEE-SANGPAULI!!!!
FC ST. PAULI 1910
NA, ALTER?!
WILL AUCH BIER!!
ICH AUCH....OOO-OOOOOH...ICH AUCH!
GUIDO SCHRÖTER ©93

FAIR GEHT VOR 1

AN EINEM SCHWINKENDORF KOMMT SO LEICHT KEINER VORBEI . . .
FDH
ODER NICHTS
ZISCH
VER
POLTER
ZACK
ORDN
KNUFF
POFF
KNIRSC
STELLINGEN
HAHAHA
HAHAHA
HAHAHA

ZAUBERFROSCH 2

LEEEO

SELBER SCHULD

MULTUM, NON MULTA

HERIBERT

ACH, WAR DAS SCHÖN, DAMALS ... EM-ENDSPIEL 92 DÄNEMARK - DEUTSCHLAND, BEI DER ARD ...
UND JETZT SINGEN SIE WIEDER, UNSEREN DÄNISCHEN FREUNDE:
„WIR SIND ROTE, WIR SIND WEISSE, WIR SIND DÄN...
....
...ÄH...
....
HA HA HA
BRÜLL
HA
GACKER
HA
ICH SPUL NOCHMAL ZURÜCK, JA?!
JA LOS!
HA HA HA
GUID OSCH RÖTE R©93

STEUBING
WIE WAR DAS NOCH IM SOMMER '94? DER AMTIERENDE WELTMEISTER WAR MIT 0:6 PUNKTEN IN DER ERSTEN RUNDE KLÄGLICH GESCHEITERT. BESONDERS PEINLICH: DAS 0:5 GEGEN BURUNDI. NIEMAND HÖRTE MEHR ZU, ALS VOGTS KONSEQUENZEN ANKÜNDIGTE... DAS AMÜSEMANG WAR GROSS...
DAS HAT KONSEQ
WER HÄTTE JE MALS
ERNIE UND BERTI
DER INZWISCHEN ZUM DFB-PRÄSI AVANCIERTE FRANZ BECKENBAUER KONNTE NOCH AM SELBEN TAGE HELMUT (GERADE VON SCHALKE GEFEUERT) ALS NEUEN BUNDESTRAINER VERPFLICHTEN!!
FINNLAND WURDE WELTMEISTER
HERR SCHULTE, ICH MÖCHTE IHNEN ALS NEUEN BUNDESTRAINER EINMAL EINE ETWAS ANDERE FRAGE STELLEN: WAS WOLLEN SIE ÄNDERN?
OH, EINE INTERESSENTE FRAGE. AAALSO: FÜR JEDEN GENUG ESSEN, MEHR LIEBE, KEINE GEWALT, KEINE KRANKHEITEN, MEHR TOLERANZ
Das aktuelle Sportstudio
HELMUT IS VIEL GRÖSSER
ECHT? SCHEISSE
UND NATÜRLICH NEUE SPIELER FÜR DIE NATIONALMANNSCHAFT Z.B. ANDRÉ GOLKE, GERADE MIT DEM VFB STUTTGART ABGESTIEGEN...
FLUTSCH
GE- DACHT DASS WIR UNSERE
UND DIRK ZANDER, ER HAT ZWAR GERADE WIEDER SEINEN JÄHRLICHEN BÄNDERRISS UND IST DAHER NOCH ETWAS LANGSAMER GEWORDEN. ABER DIESER TORRIECHER...
ICH SPIEL'!
HOF F N
UND NATÜRLICH OTTI WEGEN SEINER GENIALEN ÜBERSTEIGER OHNE GEGENSPIELER WEIT UND BREIT...
ODIODDIO
HUI
UNGEN MAL AUF
BEI DEN TORHÜTERN ENTSCHEIDET DIE TAGESFORM, OB IPPIG ODER THOMFORDE AUFLÄUFT. NICHT LEICHT...
DIE TER
DER FROSCH, DEN WOHLERS DAMALS NICHT KÜSSEN WOLLTE, IST LEIDER NICHT MEHR AUFZUFINDEN! WENN WOHLERS MIT LURUP ABGESTIEGEN IST, LIEGEN FÜR IHN BEIM DFB DREI LABELLOS UND DREIHUNDERTFÜNFZIGTAUSEND FRÖSCHE BEREIT... ALLES TALENTE
SSSSSSSSS PATSCH
INS ABWEHRZENTRUM KOMMT WALTER FROSCH. DER ECHTE! IS' AUCH DIE A-MANNSCHAFT, WALTER, WIRKLICH!
SCHSCHSCHEISS-BRIEGEL...
FLASCHE
SCHLINDWEIN
UND NUN DER CLOU: FAST HÄTTE ES NICHT GEKLAPPT... MIT EINEM DEUTSCHEN PASS IN DER NATIONALMANNSCHAFT: IVO KNOFLICEK!!!
????????
SETZEN
???????
JAAAAA! DA STAUNT IHR WAAS?
MIMIMIMI
AUSSERDEM FINDEN AB SOFORT ALLE HEIMSPIELE IM WILH.-KOCH-STADION STATT UND ALLE PAULI-FANS MÜSSEN HIN!!!
UND
DER
HAMMER:
MANNSCHAFTS-KAPITÄN WIRD:
WALDI STEUBING
AAAAAH
WILH.-KOCH-ST.
D - ZYPERN
0 - 3
HEY, SCHATZ! HATTEST DU EINEN ALPTRAUM, ODER WAS?!
HEERGL MNOHRS KROOHL
4 0 - 5
E-ECH...
E-ECH...
ICH WEISS NICHT!
GUIDO SCHRÖTER ©93

SUPERVOLKER
©GUIDO SCHRÖTER 92
RAUS DIE SAU RAU
AHAHAHAHAHAHAHAHA
KEUCHHÄFF HURP PATZ MEFF UMP HAFFHAFF
IMMER IST ER ERSTER... IRGENDWANN GEWINN ICH AUCH MAL.... UND WENN ICH NOCH ZEHN JAHRE ÜBEN MUSS! SCHEISSTYP!
HÄFF?
KEIN GELB!
KLEINGELD?
KEIN GELB! IDIOT!
SCHIRI WIR WISSEN WO DEIN AUTO STEHT
EINSAM ZIEHT SUPER-VOLKER SEINE BAHNEN! ER DARF NICHT EINGREIFEN! VERSICHERUNGSTECHNISCHE GRÜNDE!
OH, DANKE, MEIN HERR, FÜR DIESE NOBLE TAT! DAS WAR EINE SEHR GUTE IDEE! SELTEN WAR DAS AMÜSEMANG GRÖSSER! HÖCHSTENS 42-43 IM OSTEN! ABER DIESE
MATSCH
OH, VERZEIHUNG! HERR GATTI, ABER MEINE MUTTER HATTE HEUTE MORGEN OHRENSCHMERZEN UND DIE STRASSEN VON SAN FRANZISKO SIND AUCH AUSGEFALLEN! UNDANK IST DER WELT LO
AUA!
WAS MACHEN SIE DENN HIER? WER HAT SIE DENN AUF DIE SPIELFLÄCHE GELASSEN? ICH JA WOHL NICHT! ALSO? REDE, SCHURKE!
ABER, HINGEGEN, DOCH, JEDOCH, GLEICHWOHL, ZWAR, ALLERDINGS, TROTZDEM, WOGEGEN, FREILICH, ABBA...
RÖCHEL
STOPPEN SIE SOFORT IHR GEBLUBBER UND VERLASSEN SIE SOFORT DIE SPIELFLÄCHE!!
ICH FAND DIESE SCHIRI-KLAMOTTEN JA SCHON IMMER SO SCHICK!
WECH!
AAOOO
GNUMPF
HIER LIEGT EIN VERLETZTER SPIELER, DEN ICH ZU VERSORGEN HABE, SIE WURST!
PAMM PAMM PAMM!
DER?
DER IST TOT!
NA, DANN KANN ICH JA GEHEN!
GUIDO SCHRÖTER ©93

DREAM TEAM
ÄÄÄH, MEINE HERREN...
ANGESICHTS DIESES GRANDIOSEN SPIELS HABE ICH MICH ENTSCHLOSSEN, DIE FÄLLIGEN PRÄMIEN ZU VERDOPPELN!
OOCH, DAFÜR NICH'!
AACH, DA NICH' FÜR!
WAR DOCH NICHT NÖTIG!
DAFÜREN NICHEN! (*)
(*) DAS WAR FINNISCH
DANN HAB' ICH WOHL NOCHMAL GLÜCK GEHABT!
BIS DENN...
GUIDO SCHRÖTER ©93

FAIR GEHT VOR 2

WOHNUNGSNOT

FALSCHBIER

SCHROOOLOOOORK
©GUIDO SCHRÖTER
ZU
OH-OH-OH-SCHNELL-KEUCH-SCHNELL-SCHNELL-OOOOH-KEUCH-HUST-LUFT-LUUUUFT
AAAAAAH!
ST. PAULI FANS GEGEN RECHTS
KUNK
PIMMEL
OH WIE DAS HIER STINKT!
Recht hast Du!
NAZIS RAUS
PLATSCH
SSIP
AAH-KLO-GROSCHEN!
AAH-KLO-GROSCHEN!
DANKE KLAUS, DANKE!
STINKT
KLOBÜRSTE ?! SCHÖN UND GUT! ABER PAPIER IST DOCH BESSER!
Ich will nicht mehr verlieren, scheiße!
Kacke
OOOOH
UND SCHÖN ALLES SAUBERMACHEN, MEISTER !!
WIE KOMMT DAS DENN UNTER DIE BRILLE ?? DAS IST JA EIN DING!
FIM

SO, ALTER! JETZT MUSS ICH ABER DIE NIEDERLAGE GUCKEN! ALSO DENN BIS DENN...
HÄHÄ.... HATTE DER KERL DOCH WIEDER ZWEI BIER AUF'M TELLER....
ZWO BIER, MACKER!!
BIIIIIER!
BETRUNKENHEIT 2,-
RAUSCH 3,-
DUSEL 4,-
TRAN 0,50
BREIT 10,-
STRAMM 12,-
DICHT 17,-
AFFENZU 19,99
KNALLVOLL 100.000,-
ZWEITAGENIXWISSEN 50,-
ABER KEIN FALSCHBIER, ALTER!
ORDNER
MANN, DAS IS JA IMMER NOCH SO VOLL!
BIER
MEEEENSCH! DIE HAM JA SCHON ANGEFANGEN!
ODDI ODDI ODDI ODDI ODDI ODDI ODDI
HE..DA... GATTI....H.. JETZT...OH... ARG... UFF..
ICH BIN GANZ STARR VOR
NU LASST MICH DOCHMAA DURCH, LEUDEEE! HEEE
HOLSTE
BIER
TOOOR
FLATSCH
SEIT ZANDER FALLEN HIER KEINE FRÜHEN TORE MEHR UND DA HAB' ICH MAL ZWOBIER INNE HAND DA MACH
ICH HAB'S DIR GESAGT! ICH HAB'S DIR GESAGT!

SACH MA, DU HAMPELMANN! WER HAT DAS TOR EIGENTLICH GEMACHT?
MARTINO, ALTER, MARTINO!!
GEIL!
Dinger Ding
Dinger Ding
NEUNUNDACHTZIG, WIE ÜBLICH, RECHT EREIGNISLOSE MINUTEN SPÄTER....
PIIIIIIIIIIIIIIIEP!
HERR GATTI! WIESO HABEN SIE, DIREKT NACH DEM ANPFIFF, EIGENTLICH GLEICH DRAUFGEHALTEN? DAS WAREN IMMERHIN SO 50 METER!
DAS WAR MEINE VERDAMMTE PFLICHT!
GUIDO SCHRÖTE R©93

FAIR GEHT VOR 3

ER WAR SCHON ZU LEBZEITEN EINE LEGENDE

AB DAFÜR

AUSWÄRTIGE AFFENGERÄUSCHE

DREAM TEAM 2

WIEDER DAHEIM

BIERDUSCHE
NA, ALTER! DAS WURDE ABER AUCH ZEIT!!
SIND DAFÜR DOPPELTE!!
ZACK
AAAAAAAH!
ABER...
TRINK NICHT WIEDER ALLES AUF EINMAL...
GLOAP!
...SONST...
RÜLPS
NEEEE, ICH MEIN, SONST...

ICH MUSS STRULLEN WIE EIN BIBER!
GENAU!
BIER-H
LSTEN-
ABER ICH WEISS MIR NATÜRLICH ZU HELFEN!
SOOOOOO EINFACH ISSAS, SISSI ??
KLÖTER
KLÖTER
KLÖTER
NIE WIEDER ZEICHNE ICH SOOO VIELE FRATZEN PRO BILD!
NIE WIEDER!!
DAS HAT JA GERADE MAL GELANGT!
UND NU?
BIERDUSCHE!!
HOH
GUIDO SCHRÖTER © 93
THANX BJÖRN

SCHAL?

IM INNENRAUM ZU SITZEN IS' JA GANZ WITZIG! MAN HÖRT SO RICHTIG SCHÖN WIE DIE KNOCHEN KNACKEN, WAS SICH DIE SPIELER NETTES SAGEN UND SO WEITER...
ABER TOTAL ÄTZEND IST, DASS MAN IMMER DIE HÄLFTE VON DEN FLIEGENDEN BIERBECHERN INS GESICHT BEKOMMT!!
Bier
PLATSCH
MUNDGERUCH
OOOCH, ICH WEISS NICHT! BIER SOLL JA SEHR GUT FÜR DIE HAARE SEIN...
BLÄH
AUSSERDEM WIRD MEIN BIERBECHER NIE LEER...
WAS? DU WAGST ES MIR BUCHSTABENSUPPE, STATT BIER ZU HOLEN!
ALKOHOLFREI!
bauch
UND MIT EIN BISSCHEN GESCHICK!
GLUPS!
UND
NA, ICH WEISS NICHT.
DAS IST DOCH BESTIMMT SCHAL.
SODBRENNEN
GUIDO SCHRÖTER ©93

UNTER GEIERN
© GUIDO SCHRÖTER
PLUMPS
LORKOWSKI!
MEEENSCH, HORST! WEISST DU, WAS DAS BEDEUTET?
WIR SIND DIE GANZE ZEIT IM KREIS GELAUFEN!
LEUTE! ICH WAR ERST EIN SPIEL NICHT MEHR DA UND DIE GEWINNEN VIER-EINS UND JETZT KOMMT'S: OTTENS GEWINNT DREI KOPFBALLDUELLE!
HAUCH
SCHLUCK
JAWOHL !!! DREI KOPFBALL-DUELLE! OTTENS!
UND WER WEISS, WIEVIELE ER INZWISCHEN NOCH GEWONNEN HAT!
WIE HAT SEPPO DAS GEMACHT?
WOMÖGLICH MACHT ER SOGAR NOCH EIN KOPFBALLTOR!
THOMFORDE SCHLÄGT MIT LINKS BIS ÜBER DIE MITTELLINIE AB! GATTI GRÄTSCHT! LEO LÄSST DEN BALL NUR EINEN METER ABPRALLEN! KNÄBEL HAT EINEN HÄRTEREN SCHUSS ALS MEINE COUSINE! ALLES OHNE MICH...
HORST! DA HILFT NUR EINS! GUT, DASS ICH 'NE KISTE DA HAB!
WAS MACH ICH EIGENTLICH HIER? WO IST DENN MEIN HERBERT?
SSSSSIPP
SCHWALLER
NUCK NUCK
EDEL
NAAAACHSCHUB
RUAPS
BUMB
SSSSO! JESSMÜSSN WIRABBALLLLOSS! NEU'N WÄEIN SUCHN! ÄCH... ÄCH ...ICHNEHMABBA NIX UNNÄ BOGALSIIIIEGA!
NEUN VEREINE?
HEELEUDEEE ICHABSCHONE MANNSCHAFF

MEEENSCH HOLAST! MEINSSUDENN DU KANNSSICH DUICH-SETZEN?
K-KLAR!
TAPP TAPP TAPP
JESSHAT DIESABLINDE WOOOLASS NWEREIN! JESS KOMMICH ABBA! JESS KOMPT LORKO, DER TRAINATOR!
VIELLEICHT IST DAS JA WAS FÜR DICH, LORKO! DIE HAM AUCH SCHONMAL 'N POKAL GEHOLT!
JAAAAAAH!
DAS IST ES!
NASSIONAAAAL MANNSCHAFT!!
SEID UMSCHLUNGEN ELITE-KICKER!!
JIPPIIIEH
TERMITEN-HÜGEL!
HEEE, DU SITZT AUF MEINEM TRAININGSLAGER!
AAAAA
OHA! AUCH ER? HIER? DER TEAM-CHEF! DER KAISER!! FRANZ!
SCHILDKNECHT? ACH NEE, DER IS JA NUR BESOFFEN!
SCHEISSESCHEISSESCHEISSE! DAS MIT DEM GEGENLICHT WERD ICH NIE LERNEN! NIE! UND IM ASTERIX XXVII SAH DAS SOOOOO GEIL AUS! KAAAAACKEEEEH
HERR BECKENBAUER! EIN KLEINES INTERVIEW FÜR SAT 1?
JOH MEI...
SAT
WAS MACHEN SIE DENN IN DER WÜSTE DER GESCHICKTEN TRAINER?... ÄH... HIER WO GESCHICKT IN DER WÜSTE TRAINIERT... ICH MEINE... WÜSTEN-SA BRENNT UN FÜSSEN...
GEÜBTES ZDF-TÖPPERWIEN-GLUBSCHEN
TJAAA... I HORB A ANGEBOT AUS HAMBUAG UND DA WOLLT MER MAL SCHAUN WIE'S HIA AUSSCHAUT...
DIES IST DIE 25STE MR-AUSGABE! ZU DIESEM ANLASS HAB ICH LORKO 'NE GROSSE 25 AUF'N RÜCKEN SEINES T-SHIRTS GEMACT, ABER DER SACK HAT SICH NICHT EINMAL UMGEDREHT! GESTERN WAR WELTSPARTAG UND ICH SETZ FÜNF MAAK AUF HEIDI KABEL!! HEIDI!!!!! HALT DUARCH!
PLUMPS
SEPPO!
MEEENSCH, SEPPO! HÄTTEST DU WAS GESAGT... ICH HÄTT' GE-WARTET! ECHT!
WIE KOMMT DAS? WO IST HERBERT? FRAGEN ÜBER FRAGEN! UND ALLE WIEGEN DAS DOPPELTE! HÄTTE ICH DOCH HERBERT GEFRÜGT!
ALSO, HERR BECKENBAUER! ICH HAB' MICH JETZT GEGEN TRAINERENTLASSUNGEN VERSICHERN LASSEN! DAS KOSTET MICH ZWAR EIN TRAINER-JAHRES-GEHALT PRO SAISON, ABER WENN ICH BEREITS IN DER HINSERIE ZWEI TRAINER ENT-LASSE, HAB' ICH DAS LOCKER WIEDER RAUS! DIE ZAHLEN NÄMLICH DIE ABFIN-DUNG!
OOO...
COOL, DER SAUPREISS
WOLLEN SIE NICHT BEI MIR ANFANGEN?
ANZEIGE
TRAINER FEUERN? KEIN PROBLEM MIT ZEUS TRAINER-FEUER-VERSICHERUNG! RUFEN SIE UNS AN: 227191-0
©GUIDO SCHRÖTER 92

IN DER TIERKLINIK

SOUVENIR SOUVENIR

ZAUBERFROSCH 3

DREAM TEAM 3

OHNEIIIN – SOMMERPAUSE!
KEINE HEIMSPIELE!
KEINE AUSWÄRTSSPIELE!
KEIN LEO!
KEINE FEHLPÄSSE!
KEINE PAADIES!
KEINE NULLNULLS!
KEINE SEPPO-AUSWECHSEL-TRICKS!
KEINE KACKSPIELE!
KEIN EISENDIETER!
KEINE BIERDUSCHEN!
KEIN... KEIN NIX!
OOOOHOOH! WAS MACH' ICH NUR !!?!
DA! ST. PAULI INTERN: „GESTERN DÜSTEN LEO MANZI, MARTINO GATTI UND KLAUS OTTENS ZUM GEMEINSAMEN URLAUB NACH MALLORCA." DAS ISSES DOCH!
NA KLAR! UND AB DAFÜR!
MOPO Überall Blut!
JA
JIPIEH
JAAAA
CHCHCHCHRRRR
WÜRG
KOTZ
JA
JIPIIIEH
JAAAA
SSSS
SAAANG PAU-LIHIII !! SAAANG PAU-LIHIII
MARTIIIINO GA-TTI
LEEEEO LEEEO
OLEEE OLE OLE OLEEE
TOR TOR MILLERNTOR
ODDIODDIODDI ODDIODDIODDI
GUIDO SCHRÖTER ©93

ZANDERSTRUCK